BÁLSAMO PARA EL ALMA

26 historias sugerentes

TOME 1

Del mismo autor :

- El metodo M.O.A.E. para triunfar. El éxito en 4 etapas.
- *Du baume à l'âme Tome 2 : 25 histoires inspirantes.
- *Richesse financière : les bases. Comment être avant d'avoir.
- *Alimentation, une autre vérité.
- *Pourquoi fumer…
- *Incarcération cérébrale (roman d'inspiration)
- *Vie en jeu
- *Des âmes et des mondes

**Pronto disponible en versión española*

Colección : Arte de Vivir

BÁLSAMO PARA EL ALMA

26 historias sugerentes
TOME 1

Elisabeth ROSALES

Traducido del francès por
Aurélia RUIZ ROSALES

Edición : Du baume à l'âme

ISBN : 978-1-291-82101-7

ÍNDICE

INTRODUCCIÓN

¡Hola! ¡ Realmente me siento muy feliz con ver que ha adquirido este libro! Pasar un excelente momento en su compañía, tal es su destino. Además, tiene como misión hacerle reflexionar, soñar, sonreír, y por qué no reír a carcajadas. ¡Solamente con imaginarle de tal manera, el corazón se me llena de felicidad! Me encanta contar bellas historias sugerentes y transmisoras de informaciones potentes y primordiales.

Siendo muy sensible a la belleza de los seres, de las cosas y de las situaciones, me conmuevo a menudo frente a una bonita anécdota. Lo que alegra mi espíritu, son las historietas anodinas que demuestran ser potentes fuentes de enseñanzas.

Nuestras almas necesitan a veces que nos ocupemos de ellas cuando van mal y han recibido algún golpe. Y la cosa más pequeña que podamos hacer es pasarles un bálsamo, una crema calmante y relajante.

¡Imposible, me vais a decir! ¡No podemos pasarle crema a nuestra alma, no es física! Sin embargo, cuando nos encontramos en presencia de un relato, de una historia que nos produce bienestar, que nos apacigua, que nos calma y nos produce emociones positivas, es una historia bálsamo para el alma.

Les voy a contar 26 de esas historias y les propongo una o varias pequeñas interpretaciones para cada una de ellas.

De hecho, pueden muy bien interpretarlas como lo deseen. No es sino un punto de vista sobre historias, en su mayoría, universales. Hay tantas cosas que comprender: tantas como seres humanos sobre la tierra.

Lo que es importante en el fondo es que se tome el tiempo de dejar que afloren los sentimientos que cada historia, imaginarias algunas, simbólicas a menudo, vividas o no vividas, le provoquen. Las historias le hablan a nuestro inconsciente.

Venga, vayamos sin más tardanza hacia lo que nos puede procurar bienestar.

1 - MI PLAN DE VIDA, MI BRÚJULA

Algunos, entre nosotros, emprenden el camino de la vida a ciegas. No saben a dónde van. No piensan que necesiten saberlo por ellos mismos ya que otros parecen saber mejor que ellos hacia dónde deben encaminarse. Entonces siguen sin haberlo decidido realmente y sin saber a ciencia cierta hacia dónde van. Es una observación, algunos van por la vida sin brújula y peor aún sin plan de vida.

Hacer planes para saber a dónde vamos, es demasiado importante para que lo dejemos en manos del azar. Pero, no olvide validar el lugar a dónde quiere ir, que esté todo previsto y que sea un lugar que ha elegido. Esto es muy importante porque si no su vida puede parecerse a esta historia.

Un hombre sale una mañana para ir a una cita profesional muy importante. Tiene prisa y se precipita en el coche. Arranca y sale escopetado. Unos kilómetros más allá, se da cuenta de que no conoce el camino exacto para llegar a la cita.

Sin embargo es demasiado tarde para dar la vuelta e ir a buscar el mapa de carreteras, tampoco tiene el GPS. Se ve por lo tanto obligado a arreglárselas con la dirección apuntada en su agenda y con el recuerdo que tiene del lugar a donde se dirige. Nada muy concreto por otra parte.

Entra en la ciudad, en el barrio y después en la calle que guarda en su memoria, pero rápidamente se da cuenta que no está en el buen lugar. Desgraciadamente para él, anotó mal el lugar de la cita. Imposible encontrar el número en esa calle. Obviamente se equivocó. ¡Y ni siquiera tiene un número de teléfono para ponerse en contacto con la persona!

Se ve pues obligado a dar media vuelta para ir a buscar los datos que le faltan para encontrar el lugar a dónde realmente quiere llegar.

Pequeñas reflexiones de paso…

Esto le parece un acto fallido, sin embargo es lo que hacemos cuando vamos por la vida sin tener un plan de vida. Es como si fuéramos a un lugar pero no supiéramos exactamente hacia dónde.

La historia hubiera podido ser:

Un hombre se sube al volante de su coche y arranca hacia... de hecho no lo sabe, va hacia dónde el último en hablar lo conduce. Gasta muchísimo carburante y su energía para ir hacia dónde los demás y las circunstancias lo empujan. Conduce su vida sin plan, sin GPS, hasta agotarse totalmente...

Patético, ¿no es cierto?

Pero a propósito...

Y nosotros, ¿sabemos hacia dónde vamos con exactitud? ¿Conocemos nuestra dirección? ¿Sabemos lo que guía nuestra existencia en el fondo? Dicho de otra manera, ¿tenemos un plan de vida?

Nuestro plan de vida puede compararse a un GPS que nos permitirá situarnos entre las diferentes opciones que se nos ofrecen. En cuanto la vida nos envía un reto debemos preguntarnos si este y sus consecuencias no nos van a alejar de nuestra meta. Aceptemos cambiar de rumbo para hacer algunos reajustes, pero nunca demasiado tiempo. No vayamos a perdernos por unos caminos que no son los nuestros. Volvamos a lo esencial, una vez más tendremos que preguntarnos si lo que hacemos se encamina hacia nuestra meta y sigue nuestro plan de vida.

"Alors, prends-toi z'en mains! C'est ton destin!! » (¡Entonces, cógete de la mano! ¡¡ Es tu destino!!) así lo decían Les Inconnus en una de sus famosas parodias.

2 - SOPA DE COL

Si no está satisfecho con lo que hace, si no tiene proyectos, si a menudo utiliza palabras como: "Hace falta..." y "Debo...", si piensa "la vida es así" encogiendo los hombros y agachando la cabeza...

...seguramente no esté viviendo la vida que tendría que estar viviendo. Seguramente está siendo el objeto del proyecto de vida de otro.

Cuando se oiga pronunciar frases que lo vacíen de su energía, que le hagan bajar los brazos, pregúntese enseguida. "¿Quién dice eso?"

Tal vez tenga la impresión que es usted pero es su mente la que piensa por usted: tal vez fue dicho por personas que han sido referentes para usted, sus padres, sus profesores, sus compañeros, etc... a veces es la televisión, la lectura de un libro o de un artículo. A veces también se dijo en la familia desde hace mucho tiempo y tiene la impresión que todo el mundo piensa de esa manera. Ni siquiera se le pasa por la mente que sea de otra forma.

A menudo, basta con una sola experiencia para formular una generalidad. Basta con vivir algo solamente una vez para deducir que siempre fue así.

Pequeña historia inspirada de una anécdota oída:

Una niña miraba a su madre mientras preparaba una sopa, la madre tenía por costumbre partir la col en dos antes de echarla en el agua hirviendo. A la niña le parecía poco práctico tener que partir la col en el plato con la cuchara cuando le habían servido la sopa como se lo había enseñado, en más de una ocasión, su madre. De hecho, una vez que fue invitada a casa de una amiga, ¡¡la col ya estaba partida!!

Le pregunta entonces a su madre porque echa así la col partida en dos. Su madre le contesta que de esta forma la sopa tiene mejor sabor, porque la col suelta poco a poco su aroma. Y, añade," tu abuela lo hacía así y su madre, la yaya también".

Esa misma tarde, la abuela llama por teléfono para saber cómo estaban. Y la niña le pregunta entonces por qué parte la col en dos para echarla en la sopa. Su abuela le da la misma explicación, añade que su madre ya lo hacía y que, en su recuerdo, esas sopas eran exquisitas. Añade incluso que su madre le decía que era el secreto de las buenas sopas.

Resulta que la yaya en vida aún, celebraba sus 102 años en la residencia, era, pues, buena ocasión para hacerle una visita el domingo siguiente. La niña va entonces hacia su yaya y le pregunta muy alto y muy cerca del oído, si el hecho de cortar la col en dos es el secreto para hacer una buena sopa. En un primer momento, la yaya parece no entender nada a esa extraña pregunta. Entonces la niña va a buscar a su abuela para que le ayude a hacerle entender a la yaya lo que le pregunta. La hija le explica a su madre la pregunta de la niña y la yaya parece sorprenderse de lo que su hija intenta que diga. Exclama entonces: "¡¡¡Pero no, en absoluto, no es un secreto, lo único es que no tenía una olla suficientemente grande para echar la col entera, estaba pues obligada a partirla en dos!!!"

Pequeña reflexión de paso...

He aquí como se transmiten la mayoría de las creencias de generación en generación. Y eso, es justo para una sopa... ¡¡imagine para temas más importantes!!

3 - UNA LECCIÓN DE PERRO

He aquí una anécdota que le hará reflexionar sobre la fuerza de las costumbres, y en este caso en particular, de las malas costumbres. Cuando demasiadas veces se hacen las mismas cosas dando siempre los mismos resultados, es conveniente, entonces, preguntarse si la clave del cambio está realmente fuera de nosotros o en nosotros. Vaya pues esta historia:

“Un día, un hombre se paseaba tranquilamente por un camino. De repente, surge del bosquecillo un perro gruñendo con los colmillos fuera. El hombre se asustó, echó a correr con todas sus fuerzas, pero el perro lo mordió.

Un mes más tarde, el mismo hombre se paseaba de nuevo tranquilamente por ese mismo camino. Y, de nuevo, surgió del bosquecillo el mismo perro, amenazante y gruñón con las babas en los morros. El hombre se asustó, corrió lo más rápidamente posible pero el perro lo volvió a morder.

Un mes más tarde, el hombre se paseaba de nuevo tranquilamente por el mismo camino y de nuevo surgió frente a él el mismo perro. De nuevo el hombre salió corriendo como un galgo. Pero no suficientemente rápido ya que el perro lo alcanzó y lo mordió por tercera vez.

Y así una y otra vez.

Pequeñas reflexiones de paso...

¿De quién es la culpa según usted?

La respuesta correcta es: ¡¡en ningún caso del perro!!

Esta analogía nos enseña que las mismas causas conllevan siempre las mismas consecuencias.

Si siempre obtenemos los mismos resultados en nuestra vida, probablemente sea porque siempre hacemos las mismas cosas.

Y al cabo de un tiempo, de la misma manera que ya no es culpa del perro si muerde al hombre, ya no es culpa de las circunstancias si obtenemos los mismos resultados que nos parecen catastróficos.

No sé para usted, pero para mí saber que puedo evitar los malos resultados en mi vida, y si me vienen, es para que rectifique mi manera de ser, de hacer y de tener, me alegra el corazón. Veo con otros ojos llegar a "los perros y sus mordeduras", porque si nos molestamos en entenderlos, siempre nos revelan una lección profunda.

4 - HACER COMO SI…

Las personas que logran vivir la vida que han elegido son a menudo personas que no se han dejado dictar lo que tenían que hacer. Sus vidas demuestran que no dejaron que los lugares comunes les impidieran alcanzar sus fines.

Momentos de duda, sí, pero no cabezas gachas ni frases hechas derrotistas.

Para demostrarlo, quisiera contarles brevemente la vida del señor SPIELBERG. (Fuente. Anthony ROBBINS. Poder sin límites.)

Desde los 12 o 13 años, Spielberg sabía que quería convertirse en director de cine. Con 17 años, participó en una visita organizada por su escuela a los estudios de la compañía Universal. Se alejó rápidamente del grupo para ir a donde se rodaban las películas. En el plató conversó como un profesional, ya que, apasionado por el mundo del cine y de la dirección, se había informado antes y había leído todo cuanto se puede sobre el tema. Poseía ya las bases del lenguaje de los profesionales. Para Spielberg, la visita terminada no era más que el principio de su historia. Durante las vacaciones, decidió ponerse un traje y coger un maletín: en su mente era un director. Cruzó la puerta de entrada de Universal sin problemas e instaló su oficina en una caravana abandonada. Colgó un pequeño cartel dónde se podía leer: "Spielberg director". Así es como pasó las vacaciones escolares y la mayoría de su tiempo libre, encontrándose con personas que trabajaban en el mundo del cine. Con 20 años, acostumbrado a los estudios y con una película bajo el brazo, consiguió un contrato para dirigir telenovelas. ¡Su sueño se había hecho realidad!

Pequeña reflexión de paso...

Eso es entre otras cosas lo que puede hacer la magia de "hacer como si". ¡Existe de verdad! Basta con saber exactamente lo que queremos hacer y hacerlo. El paso a la acción es lo que nos permite pasar del sueño a la realidad.

5 - LA "MONOACTITUD"

Si se oye decir a sí mismo:

"¡Todo el mundo piensa eso!"

"¡Pero bueno, yo sé que es verdad porque lo he oído decir miles de veces!"

"¡Es evidente que tenemos razón; la mayoría de la gente lo hace así!"

¡Cuidado!

¡Sin duda es víctima de la "monoactitud"!

Se realizó una experiencia con un grupo de 5 monos. Estaban en una jaula dónde habían colocado una escalera de tal manera que los monos pudieran alcanzar un plátano que habían colgado en la jaula. Todos intentaron alcanzar el plátano y cada vez que uno de ellos subía la escalera, recibía un potente chorro de agua helada. Muy desagradablemente sorprendidos, terminaron por no intentar nada. Pararon el cañón de agua helada y sustituyeron a un primer mono por otro que no había vivido la experiencia del chorro de agua. Con toda naturalidad, se dirigió hacia la escalera y apenas alcanzó el primer peldaño sus cuatro congéneres se abalanzaron sobre él y lo molieron a golpes. Rápidamente entendió que no debía subirse a la escalera pero no sabía por qué. Los monos que habían vivido la experiencia inicial fueron todos reemplazados poco a poco. Uno a uno, los llegados nuevamente recibían una paliza en cuanto se acercaban a la escalera. Eran, incluso, los monos que no habían conocido la experiencia de la ducha helada los más agresivos. La orden estaba en el cerebro, ¡¡ningún otro mono de entre los que permanecieron en la jaula volvió a subirse a la escalera!!

Pequeña reflexión de paso...

¡Cuando se dice que las costumbres tienen la piel dura! No es poco decirlo, ¿¡no les parece?! Esta parábola de los tiempos modernos, llamada también "teorema del mono" permite explicar el funcionamiento del condicionamiento mental. Es útil a veces en ciertas empresas cuyo funcionamiento se ve bloqueado por unas creencias adquiridas y no revisadas. Es también esclarecedora del funcionamiento familiar.

Pequeña conclusión: no deje nunca a nadie dictarle lo que debe pensar, decir o hacer sobre todo cuando la experiencia de referencia se ha perdido. Experimente por sí mismo cuantas más cosas mejor. A veces le bastará con un poco de sentido común: el fuego quema, inútil ir a verificarlo. (¡Aunque algunas personas llegan a caminar sobre ascuas ardientes sin herirse!).

A veces, olvide la facilidad de los "dicen" y vaya a ver por sí mismo. La mayoría de las veces, si lo piensa con detenimiento, no tiene mucho que perder pero sí mucho que ganar.

6 - EL PERRO DE PÁVLOV

Les quisiera hablar de un reflejo de aprendizaje o más bien de amaestramiento. Me refiero al famoso "reflejo de Pávlov"!

Evidentemente, no es precisamente el suyo, puesto que Ivan Petrovitch Pávlov, (1849-1936) era un médico y fisiólogo ruso, galardonado con el premio Nobel de fisiología y de medicina en 1904 y con la medalla Copley en 1915 (prestigioso reconocimiento en el mundo de las ciencias otorgado por la Royal Society de Londres), pero fue él quien hizo avanzar las investigaciones sobre los reflejos condicionados.

Este científico demostró la existencia de dos tipos de reflejos: los innatos, presentes al nacer y los adquiridos. Pávlov quería demostrar que las reacciones adquiridas con las costumbres o el aprendizaje se convierten en reflejos y que basta con un único punto de entrada o estímulo para activar el conjunto de las respuestas condicionadas.

En realidad, puso en evidencia lo que llamamos también las "autopistas neuronales" (es decir las respuestas automáticas que produce el cerebro-ordenador cuando se le estimula de cierta manera) y la importancia de las anclas que son como los peajes de entrada de estas autopistas.

Se le ocurrió la idea de coger un perro como conejillo de india y darle de comer a la misma vez que hacía sonar una campanilla.

En cada comida pues, servía al perro justo después de que sonará una campanilla. El perro había entendido que cada vez que oía el tintineo, podía comer. Pávlov hizo esto durante cierto tiempo, el tiempo necesario para que el cerebro del perro uniera el sonido de la campanilla a la comida.

Para el perro, las dos cosas estaban totalmente inter ligadas. La autopista neuronal estaba en funcionamiento.

Después, Pávlov no tenía más que provocar el tintineo de la campanilla, incluso fuera de las horas de comida, para que el perro se pusiera a salivar. Sin tener necesariamente hambre tenía sin embargo ganas de comer.

Aquí un ancla auditiva está en acción, un reflejo condicionado se ha puesto en marcha.

La hora de la comida estará siempre asociada, para este perro, al sonido de la campanilla.

Pequeñas reflexiones de paso…

Sucede lo mismo con nosotros. Tenemos a veces reacciones que son siempre las mismas y que están pre-gravadas. Basta con activar aunque sólo sea un ancla, ya sea visual, espacial, auditiva o kinestésica para que la respuesta pre-gravada se reactive; el coche ha tomado la autopista.

A veces esto es muy práctico. Es evidente, no necesitamos, justamente en cuanto al conducir se refiere, recordar siempre conscientemente como se pasan las marchas por ejemplo. Al cabo de un tiempo, esto forma parte de los reflejos y es mucho mejor.

Sin embargo, a veces, esto nos puede acarrear malas pasadas. Tener siempre las mismas respuestas puede ser muy bloqueador. Hay que saber replantease esos condicionamientos, sobre todo cuando no son apropiados.

7 - LAS FLECHAS

Las flechas negras y las flechas blancas (analogía proveniente de la sabiduría china). Considérese como un tablero con sus casillas blancas y sus casillas negras. Cuando critica a alguien, sepa que le manda una flecha negra en contra. De alguna manera es como si saliera de usted y fuera enviada al universo o por lo menos fuera de usted. Al liberar de esta manera una casilla y como el universo tiene horror del vacío, debe esperarse a que alguien le reenvíe una flecha negra que ocupará la casilla vacía. Y así una y otra vez. Recibirá lo que envía: es una ley universal.

Imagine ahora que le envía una flecha blanca, es decir un cumplido, a alguien. Entonces vacía una casilla blanca. Y del mismo modo que antes, espérese a recibir a su vez un cumplido.

¿No es maravilloso saber esto? ¿No es extraordinario poder así hacerse pequeños regalos y mandarse felicidad?

Pequeñas reflexiones de paso…

La felicidad, los cumplidos, los buenos momentos, los bellos encuentros no se deben al azar. Se deben a lo que ha enviado y también a lo que sabe recibir. Porque esto funciona al cien por cien, pero algunas personas no saben reconocer los reenvíos en sus vidas. Les parece que hacen un montón de cosas positivas para los demás, que son buenas personas y sin embargo sólo ven los inconvenientes en sus vidas.

Varias explicaciones pueden esclarecer estos hechos.

O no saben recibir,

o no son totalmente honestas y no envían solamente cosas positivas a los demás. Es posible que no sepan que lo que dicen o hacen no es lo correcto. Me explico: hay personas que no se dan cuentan de que están en la crítica siempre porque están seguras de su derecho. Piensan ser víctimas maltratadas por los acontecimientos. Piensan pues sinceramente que son buenas personas lo que son pero no se dan cuenta que mantener malos pensamientos hacia los demás los penaliza y los lleva a vivir situaciones desagradables que no hacen más que reforzar sus creencias sobre la dureza de la vida y sobre el hecho que, decididamente, "no tienen suerte" y que son "pobres pequeñas cosas frente a esta vida tan dura". Y el rizo está rizado.

Entonces, piense en lo que quiere ver llegar a su vida, piense que es el único responsable de eso, piense en dar lo que quiere tener en su vida porque se le será devuelto, piense que es más agradable recibir cumplidos que reproches, piense para ello en vigilar su charla mental y sus palabras, son creadoras de su vida.

8 - El SALTO DE UNA PULGA

En la vida, sólo existen los límites que nos imponemos.

Para explicar esto, voy a servirme de una pequeña analogía animal contada por: Christian Godefroy del "club positif". (www.club-positif.com)

La pulga es un animal capaz de saltar muy, muy alto en relación a su envergadura. A título indicativo, si fuéramos capaces de saltar tan alto como una pulga, podríamos saltar por encima de la Torre Eiffel.

Pues bien, si introdujera una pulga en un vaso y le pusiera una tapadera a ese vaso, saltaría y evidentemente se golpearía. Lo haría una y otra vez y al cabo de cierto tiempo, cansada de golpearse, limitaría el salto muy cerca de la tapadera.

Pero lo que es más notable aún, es que si quitamos la tapadera, la pulga sigue saltando como si estuviera. ¡Ya no saldrá de ese vaso aunque tenga la posibilidad de hacerlo!

Se limita pues, ¡las costumbres tienen la piel dura!

Pequeña reflexión de paso...

Ya sé que a nadie le gusta que se le compare a una pulga, sin embargo es exactamente lo que nos pasa cuando decimos que no podemos. Nos limitamos solitos sin darnos cuenta que otros seres humanos, individuos con las mismas características que uno en un principio: unos ojos, unos oídos, una boca, un cerebro, etc… no tienen los mismos límites que los que nos imponemos. Triunfan pues allí dónde pensamos, dónde estamos seguros, que vamos a fracasar, porque para algunas cosas, a veces, no somos más que una pulga.

9 - UNA HISTORIA VIVIDA

Les voy a contar una historieta divertida que me sucedió y que puede ilustrar el hecho de que cuando la gente que nos rodea nos echa en cara cosas, es porque subyace algo más, decepción, molestia, hartura... y otros disfrutes. En cualquier caso, montones de razones "trampas para víctimas" que hacen que el otro se convierte en un "estercolero".

Por consecuencia, los reproches se hacen pues a personas que no tienen nada que ver con las causas de la frustración.

Es el principio de la historia. Pero, para el final, estén atentos, porque van a ver la fuerza del amor en acción.

Sentada en mi coche, observaba lo sucio que estaba. Y me sentía contrariada por eso, porque no tenía tiempo de ir a lavarlo, cosa que había hecho además la semana anterior. Esperaba a uno de mis hijos para llevarlo al cole y en cuanto se sentó a mi lado, le eché en cara el estado del coche. Sobre la marcha, fui hasta reprocharle los pasteles que se comía con sus hermanos sin tener cuidado, las migas que dejaban y que después tenía que limpiar yo.

Mi hijo tuvo entonces una actitud y una respuesta sinceras y desconcertantes.

Se volvió hacia mí, puso la mano sobre mi hombro y me dijo con los ojos muy abiertos:

"¡Oh mama, pareces muy nerviosa hoy! ¿Qué sucede?

Les puedo decir que mis reivindicaciones se pararon en seco aunque pensará que estaban justificadas.

Pequeña reflexión de paso...

Mi hijo sin quererlo me enseñó entonces varias cosas.

No entró en el juego de víctimas reproches por mi parte y justificaciones por la suya al cual me preparaba a conducirlo. Consiguió con dos frases darle otro giro a la conversación. Parecía que era yo quien guiaba la situación pero al hacer eso, fue él quien cogió las riendas, y gracias a esto la futura pelea se había transformado en discusión constructiva y mostraba que se interesaba sinceramente por mí y que en absoluto se sentía culpable...

No tenía pues que justificarse ni clamar su inocencia.

¡Y todo esto con la mayor naturalidad del mundo!

Es evidente que, por muy listo que sea mi hijo, cuando me dio su respuesta, no se le pasó por la mente que podía enseñarme algo. Él se encontraba en un estado diferente al mío y no se sentía en absoluto aludido por lo que podía decirle.

¡Expresaba la certitud de lo justo!

Evidentemente se trata de mi interpretación de los hechos…

De cualquier manera, ¡¡vaya hombre, vaya talento!!

10 - MADRE E HIJA

Cuando una misma situación se repite en la vida de la gente, es, a menudo, porque mantiene los mismos pensamientos y las mismas acciones.

Imaginar algo nuevo, inédito en una relación, puede ser de gran ayuda. Les voy a poner un ejemplo concreto y vivido.

Cuando era más joven, cada vez que veía a mi madre, prácticamente siempre, me reprochaba algo. En esa época, me defendía y la discusión terminaba de manera muy desagradable. Tuve, en primer lugar, que admitir que esto me causaba un problema que no deseaba seguir teniendo. Hablé de ello con mi madre y me dijo que si sus comentarios me molestaban, era porque estaban fundados. En ese momento entendí que no la haría cambiar de parecer. No podría cambiar a mi madre. Me tocaba pues cambiar a mí, cambiar mi forma de actuar porque era inconcebible que la dejara de ver. No sabía cómo hacerlo, unos sentimientos muy fuertes se enfrentaban dentro de mí.

Pensé que tenía que sorprenderla, hacer algo nuevo. Sin saberlo entonces, recurrí a mi parte creadora y le pedí que encontrara una solución. Me imaginé entonces diciéndole a mi madre, con la mayor sinceridad posible, cuando empezará a reprocharme algo: "Madre, yo también te quiero. Sé que te preocupas por mí, pero te aseguro que siempre has hecho todo lo necesario por mí. Te quiero". No me costó ser sincera, ¡ya que era cierto! Y así lo hice.

¡Imagínese por un momento su reacción! ¡Ya no contestaba a sus reproches, ya no alimentaba el psicodrama y, además, hablaba con sinceridad! La primera vez, mi madre se sorprendió. Desvió la mirada y se calló, no sabiendo que contestar. Los reproches volvieron en varias ocasiones, y yo, siempre, le daba la misma respuesta.

La tercera vez se enfadó, mi respuesta le molestaba. Sin embargo, fue en aquella ocasión cuando tuvimos una verdadera discusión. Por fin, se pudieron decir cosas importantes.

Y finalmente, ¡terminamos abrazadas una a la otra! Porque en el fondo, entre madre e hija, a menudo, es una historia de expectativas insatisfechas y por lo tanto, historias mal vividas y mal contadas.

Pequeñas reflexiones de paso...

Desde entonces, no asimilo lo que me dice como un reproche. Tal vez, finalmente, ya no me los diga tampoco. Dejó de ser fuente de mis preocupaciones, únicamente, porque decidí no seguir actuando de la misma manera e, incluso, actuar de manera totalmente diferente. Ser creativo, sorprender, desestabilizar permite a menudo al otro salir de su rutina y ver otra faceta de la situación. Es como si le pidiéramos a un serrano que tomará un sendero completamente diferente al que suele tomar. Sin duda el paisaje que vea sea otro y otras serán las sensaciones que acudan a él. Sucede lo mismo con las discusiones. No entrar en el juego de víctimas, que muchas veces acarrean las peleas. Cambiar el rumbo de la conversación permite ir a donde se quiera, a un lugar más agradable.

11 - FORMAMOS PARTE DE UN TODO

Esta sencilla afirmación tiene unas implicaciones enormes y fabulosas. Y todo el mundo ha sentido su veracidad.

Cuando se encuentra ante elementos de la vida que le transportan, que le maravillan, que le permiten tomar consciencia de la grandeza de las cosas de este mundo, está ante uno de los transcendentes.

¡Se viven estas experiencias cuando nos encontramos frente a algo bello y/o bueno!

La primera sensación es: "¡Dios mío, qué pequeño me siento cuando estoy ante esto!"

Y en general, la segunda sensación que aparece, es: "¡tengo la impresión de formar parte integrante de esto!"

Pequeñas reflexiones de paso...

Son sensaciones únicas de bienestar y de pertenencia a algo más grande que uno, que nos abarcan y que abarcamos también. Esas son las cosas que nos transportan y nos producen bienestar. Sentimos entonces una verdadera unidad con lo que nos rodea.

A partir de esas sensaciones, reales, podemos decir que formamos parte de un sistema más grande. Cada uno de nosotros es una pequeña parte de ese sistema, así como, cada célula de nuestro cuerpo forma parte de él.

Se da por hecho que este "sistema más grande" que representa nuestro cuerpo necesita de todas las células que lo componen para vivir y funcionar correctamente. De igual manera, la humanidad necesita de cada ser vivo para poder funcionar adecuadamente. Vivir en harmonía en nuestra formidable nave espacial que es nuestra tierra, debe ser nuestro propósito.

12 - LO QUE ESTÁ EN EL EXTERIOR ES EL REFLEJO DE LO QUE ESTÁ EN EL INTERIOR

La humanidad muestra las mismas enfermedades que nuestro cuerpo, entre sus células, algunas no están en adecuación con él, no vibran con la misma frecuencia.

Actualmente, es común decir que el miedo, el odio y los malos sentimientos de algunas personas hacia otras son la causa de ciertas enfermedades en nuestras sociedades.

El otro día, oía a una gente hablando en la terraza de un bar. Estas personas parecían muy enfadadas y expresaban muy alto su descontento. Lo que las ponía así de febriles era el artículo de una revista sobre las personas extremadamente ricas de nuestro mundo. Estas personas expresaban un asco tremendo y comparaban sus modos de vida a los que se imaginaban que eran los de las personas ricas. Es un poco como si un conjunto de células de nuestro cuerpo se pusiera a odiar y a criticar con fuerza a otra parte del cuerpo.

Con este ejemplo, podríamos decir que es como si nuestro dedo pequeño del pie se pusiera a criticar al corazón. Me imagino al dedo pequeño diciendo: "¡No es normal que haya células que estén tan llenas de sangre mientras nosotros debemos conformarnos con tan poca!"

Evidentemente, el dedo pequeño del pie no dice esto porque es inconsciente. Eso sí, nosotros tenemos consciencia y podemos convertirnos en "corazones" o por lo menos formar parte del sistema circulatorio que es el sistema analógico de lo que representa el dinero en el mundo exterior.

Pequeña reflexión de paso...

Imagine un mundo donde sabemos que lo que está fuera de nosotros se encuentra únicamente en nosotros. Tomar consciencia de estas cosas permitiría no compararse con los demás, no rechazar a los demás y al contrario integrarlos a nuestro funcionamiento. De la misma manera que los glóbulos blancos responsables de nuestra inmunidad, integran las células provenientes del exterior para fabricar una substancia capaz de vivir en harmonía con ellas. Pues sí, nuestro sistema inmunitario debería ser un ejemplo de integración lograda para nosotros.

13 - LA "DUELA-EMOCIÓN"

¡¡A veces, nuestra lógica nos dice que no hagamos lo que hacemos, pero somos incapaces de no hacerlo!!

Es como si estuviéramos hechizados, exactamente igual que la increíble historia de la hormiga pilotada por un parásito llamado Fasciota Hépatica.

Bernard Werber en "L'encyclopédie du savoir relatif et absolu" (La enciclopedia del saber relativo y absoluto) relata la increíble vida de la duela del hígado. Este animal debe, para vivir y prosperar, implantarse en el hígado de una oveja. ¡Lo que es extremadamente interesante es la manera, el cómo llega a puerto! Es una gran aventura para esta diminuta lombriz primitiva. Cuando ella y sus congéneres, aun siendo huevos, son expulsados en los excrementos de las ovejas, entonces salen del cascarrón. Esas larvas son entonces tragadas por un caracol que al babear las va dejando en un surco perlado que atrae a las hormigas. Cuando las duelas se encuentran en el cuerpo de una hormiga, parece ser que una de ellas, la más apta para llevar a cabo la misión, se adueña del cerebro de la hormiga huésped mientras otras se adhieren a las patas y… así van a pilotarla como si de una máquina se tratara. Visto que las duelas deben encontrarse en el hígado de una oveja, van a teledirigir a la hormiga todas las noches, fuera de la ciudad. Esta última avanza como un zombi cuando es contra natura que una hormiga abandone a los suyos durante la noche hasta un prado con hierba lo que afeccionan particularmente las ovejas. De alguna manera, se debe producir el encuentro entre la hormiga y las ovejas. Y, a éstas les encanta la hierba cargada de rocío del amanecer. Esta hormiga, así guiada, se agarra a una brizna donde se quedará toda la noche como paralizada, hasta el día siguiente por la mañana en que, temprano, será comida. Y el círculo queda cerrado. Además de ser una increíble manera de vivir, servirse constantemente, en cada etapa de la vida, de los demás, más grandes y sofisticados, y hacer de ellos unos títeres (lo que es particularmente cierto para la hormiga que no es ninguna jovenzuela en la historia de la creación), me pareció un ejemplo animal particularmente adaptado para mostrar que nosotros también estamos totalmente teledirigidos.

Para mí, el ser complejo representado por la hormiga somos nosotros y el ser sencillo, la duela es una emoción. Cuando una o varias emociones toman el control de nuestro cerebro, nos resulta extremadamente difícil elegir de forma racional y lógica.

Pequeñas reflexiones de paso…

A todo el mundo le ha sucedido, al menos una vez en su vida, verse enteramente pilotado por una emoción que nos lleva a pensar cosas que nunca hubiéramos pensado, que nos lleva a hacer cosas que nunca hubiéramos hecho y que nos lleva a decir cosas que tampoco hubiéramos dicho si hubiéramos estado en lo racional, en lo lógico, si hubiéramos reflexionado, en fin, si hubiéramos estado en la "realidad real" de la vida.

¡Cuidado, vigílese bien! Si se despierta una mañana en una habitación que nos es la suya, abrazado a una bonita mujer que tampoco es la suya, puede significar que está siendo teledirigido por sus emociones…

Y no será el primero.

¡Claro, esto funciona también con las mujeres!

14 - EL EFECTO ESPEJO

Vemos en los demás lo que llevamos en nuestro interior. A veces incluso, lo que vemos en los demás solamente está en nosotros.

De igual manera, oímos a veces lo que nuestra educación nos enseñó a oír y únicamente eso.

Me crie en una familia donde los roles hombre/mujer estaban determinados. Ni siquiera se planteaba que mi hermano pudiera levantarse a por los platos para la comida. Sin embargo, mi hermana y yo lo servíamos de manera totalmente natural. No había discusión, ni la sombra de una duda. Era así y no de otra forma.

Sin embargo, más tarde, me convencí de que era normal que los hombres y las mujeres se repartieran las tareas domésticas…

No obstante, me di cuenta de que no me había completamente liberado de esa educación.

Lo experimenté cuando me casé. Cuando mi marido decía: "¡Has visto lo sucio que está esto, cuanto polvo!", yo oía: "¡Qué vaga, no hubieras podido barrer!". Al principio, barría, casi confusa. ¡Estaba persuadida que llevaba razón! Un día, terminé por pedirle algunas explicaciones sobre lo que decía. ¡Y se quedó totalmente sorprendido por lo que yo entendía!

Me aseguró que nunca tuvo la intención de dirigirme o de hacerme una reflexión despreciativa.

Pequeña reflexión de paso...

Era yo, quien retorcía lo que oía para que correspondiera a lo que conocía. Esta revelación me pareció increíble y me dije entonces que si lo que oía concerniente las tareas domésticas era tratado así por mi cerebro, ¿qué sería con lo demás?

15 - ¿MALA EDUCACIÓN?

O la diferencia entre educación y elevación. (Inspirado de una historia de Manolito).

Es un niño que entra en casa después de haber corrido en el jardín. Hace calor ese día, y, como ha estado jugando, tiene mucha sed. Sin embargo, es demasiado pequeño para servirse solo la naranjada que su madre preparó y guardó en el frigorífico.

Se dirige hacia su madre que está preparando la cena y le dice. "¡Mama, tengo sed! ¡Quiero naranjada!"

Su madre se vuelve hacia él, frunciendo el ceño, muy contrariada:

Oye, ¿podrías repetir eso?

¡Tengo sed mama, quiero naranjada!

Primeramente, no decimos "quiero" y segundo has olvidado las palabras mágicas que empiezan con: "por…".

El niño reflexiona, porque se da cuenta muy bien que su madre está enfadada y que está intentando que diga algo. Se pone el dedo delante de la boca y entonces sus ojos se iluminan y exclama:

"¡Necesito beber naranjada, si queda!"

Pequeñas reflexiones de paso…

Dos puntos:

Primeramente, confundimos a menudo querer y necesitar. Pensamos que "quiero" es una palabrota que hay que cambiar absolutamente por "quisiera" que indica la buena predisposición de otra persona. En ese sentido, ya le estamos indicando al niño que lo que pide sólo será satisfecho si el adulto accede a ello. Más tarde, el "quisiera" integrado nos limita sin cesar.

¡A esto se le añade el famoso: "Por favor"! Ya sé que me vais a objetar que "por favor" forma parte de las tradicionales fórmulas de buenos modales. Es cierto y no es pues algo que se pueda tomar a la ligera.

El "por favor" de cortesía debe decirse con consciencia y necesita una respuesta.

Porque un "por favor" dicho por un peque que no puede hacer él mismo lo que pide, debe provocarle mucho malestar si el adulto o la persona capaz de hacerlo no contesta. Esto le demuestra al niño que sus necesidades pueden no ser atendidas y que deben pasar por la buena disposición de otra persona. Esto no garantiza que sus necesidades sean tomadas en cuenta a cada vez.

Un "por favor" es demasiado importante para ser degradado. Debería formar parte de las fórmulas de buenos modales únicamente del mundo de los adultos. "Por favor" debería estar reservado a las personas que pueden pero que no quieren hacerlo. Y no a los niños, que quieren pero no pueden hacerlo.

El "por favor" se ha convertido en un signo de debilidad cuando tendría que haber seguido siendo una muestra de ayuda.

16 - RIQUEZA INTERIOR Y RIQUEZA EXTERIOR:

Les presento una pequeña historia que ilustra este concepto.

Conocía a una persona que trabajaba con un notario, mientras yo, trabajaba en una casa de acogida para mujeres y niños con graves dificultades sociales y afectivas. Durante la conversación, reconoció que estaba harta de trabajar duramente para enriquecer a su jefe. Me dijo que yo tenía una profesión formidable que consistía en ayudar a los demás mientras ella tenía la impresión de no hacer nada realmente bueno. Sin embargo, en la representación que me hacía de su vida, yo pensaba que tenía mucha suerte porque se codeaba a diario con personas que me inspiraban mucho respeto como los notarios. Seguramente estaba en contacto con personas importantes y seguro que ganaba bastante. En cuanto a mí, estaba con gente formidable pero que estaba viviendo situaciones, a veces, muy difíciles y precarias con, casi exclusivamente, unos recursos provenientes de las ayudas, y yo no podía cambiar gran cosa. Además pensaba que ser secretaría de un bufete notarial era mucho más prestigioso que ser trabajadora social en una casa de acogida.

Pequeña reflexión de paso...

Más allá de los prejuicios sobre las personas y sus situaciones, las sensaciones que nos absorbían entonces, no eran la realidad pero conformaban nuestra realidad. Yo, ponía la riqueza, de alguna manera, fuera de mí e igualmente la otra persona la ponía en el interior. Tenía la sensación que yo era rica interiormente, yo tenía la sensación que ella era rica exteriormente. Lo que cada una veía en la otra era sin duda alguna lo que precisamente cada una hubiese querido para sí.

17 - EL ABUELO Y EL PADRE

Si durante su infancia estuvo persuadido que el dinero era difícil de ganar muy probablemente fuera porque para sus padres y para usted, efectivamente, en ese tiempo, costaba ganar dinero. Desde entonces, ha crecido, nada le impidió elegir un trabajo y así cambiar esta creencia. Excepto, que ha tenido impresión de no haber podido cambiar nada. Esto ocurre, porque, probablemente haya mantenido viva la creencia que el dinero se ganaba difícilmente. Si, cuando era niño, sus padres, todo poderosos, no encontraban fácilmente dinero, entonces dedujo que era difícil obtenerlo. Pero esa no es la realidad por lo menos no para toda la gente en este mundo. Algunos muestran que incluso siendo jóvenes, llegan a ganar mucho dinero. No es un problema para ellos, porque sin duda tienen la creencia contraria.

Tengo una historieta personal al respecto.

Mi abuelo materno era un hombre lleno de recursos, en todos los sentidos, pero nunca, nadie supo hasta qué punto. Por lo tanto, una especie de fantasma circulaba entre la familia sobre su susodicha fortuna. A su muerte, resulta que, lo que mis padres heredaron, no fue una fortuna pero sí algunas deudas que tuvieron que pagar vendiendo algunas tierra seran agricultores. Sin embargo, incluso antes de que esas deudas fueran solventadas, circulaba el rumor sobre una herencia con gran cantidad de dinero a favor de mis padres. Para mi padre, no podía haber peor rumor. Se enfadó tremendamente como si fuera la mayor de las ofensas. Decir que podía ser rico era simplemente inimaginable y tan humillante para él que pensé: "¡Dios mío, que nunca me suceda eso!

Les puedo asegurar que antes de realizar un trabajo sobre mi valor, sobre el dinero y la riqueza, no era rica y no me gustaban mucho los ricos. Aunque, como a muchos, me hubiera gustado serlo, pero en el fondo, la creencia contraria de ignominia estaba actuando. No podía por lo tanto acceder a esa riqueza. ¡Ni tampoco a mi valor como individuo!

Pequeña reflexión de paso...

Esta historia nos demuestra que nuestra manera de ver las cosas y la vida conforma nuestra vida. Bajo este punto de vista, podemos afirmar que el origen de lo que somos y de lo que vivimos está en nuestras creencias.

18 - EL DINERO

Es una energía que necesita, para que pueda llegar a nuestra vida, ser entendida, mimada, reconocida y querida. En ese sentido pienso que la podemos considerar como una amiga cercana y sincera.

Cuando invitamos a unos amigos, nos ocupamos de ellos y eso desde el momento de la invitación. Hablamos de ello con nuestro compañero, en familia o mantenemos un diálogo interior positivo, cálido, amable hacia las personas que proyectamos dejar entrar en casa. Nos preparamos mentalmente para recibirlos, nos imaginamos limpiando y decorando la casa para que esté acogedora, nos vemos elaborando el menú, tenemos en mente la mesa y el sitio de cada invitado y esto incluso antes de haber empezado nada. Y, unos días antes de que lleguen, hacemos la compra, preparamos la mesa, la comida y todo con gran alegría. Tenemos realmente ganas de verlos y de pasar un rato agradable de descanso y de felicidad con ellos.

Ocurre lo mismo con el dinero. Si anticipamos alegremente su llegada en nuestra vida, si lo preparamos todo para que se sienta bien en nuestra casa, para que se sienta cómodo y feliz al venir, tendremos muchas posibilidades de que venga porque lo hemos hecho todo para acogerlo de la mejor manera posible.

Ahora, observemos las actitudes contrarias. No queremos a la gente que debemos invitar, debemos hacerlo pero no nos gusta, no tenemos ganas de verla en casa y sabemos que nos vamos a aburrir como una ostra. No haremos lo que tenemos que hacer de buen grado, al contrario. Haremos la limpieza, elaboraremos el menú, haremos la compra, haremos la comida todo eso en un ambiente sombrío, y sólo deseando una cosa, que ese día pase lo más rápidamente posible. Sin duda, vamos a protestar mucho, no participaremos en las conversaciones, nos mostraremos molestos y tal vez lleguemos a hacer comentarios desagradables a la primera de cambio sino a nuestros invitados, sí a nuestro compañero o a nuestros hijos. En estas condiciones tal vez nos salga mal algún plato aunque sea nuestra especialidad. En fin, con todo esto, rápidamente los invitados se sentirán incomodos. Es probable que se sientan de sobra, mal recibidos. ¿Qué pensamos que dirán?:

"¡No volveremos jamás!".

¿Y qué les dirán a las primeras personas con quienes se encuentren si se les presenta la ocasión de hablar de nosotros?

"¡Sobre todo no vayan por allí, reciben fatalmente!"

Es igual para el dinero. Mal acogido, criticado, maltratado, sintiendo que no nos ocupamos de él, que lo dejamos solo en un rincón, sin ninguna consideración, que lo consideramos como algo sucio y sin interés, hará lo mismo que esas personas mal recibidas. En cuanto se encuentre con alguna oportunidad lista para presentarse a nosotros, le dirá: "No vayas allí, no te querrán, incluso te odian, no saben acogerte ni se ocuparán de ti. Imposible para ti proyectar un futuro con muchos hijos en su casa. No podrás tenerlos, no quieren que los tengas. ¡¡ A decir verdad, también odian a nuestros hijos!!"

Pequeñas reflexiones de paso...

Recibir a los amigos y recibir al dinero, ¿les parece este paralelismo un tanto exagerado? No se quede en la forma, pero sí con el fondo de esta historia. Los sentimientos producen emociones que son vibraciones. Y las vibraciones atraen o rechazan en función de lo que emitimos. Si emitimos ondas negativas y de rechazo, incluso hacia las cosas, nos alejamos de ellas.

No ocuparnos del dinero conlleva que el dinero no se ocupe tampoco de nosotros.

¡Es así de sencillo!

19 - VIBRACIÓN = VIDA + ACCIÓN

Nuestro cerebro-ordenador ejecuta unos programas. Los programas conforman nuestras creencias sobre las cosas y sobre la vida. Las creencias conllevan y/o son sostenidas por nuestros pensamientos acerca del entorno y de la vida. Los pensamientos son ondas eléctricas que emiten unas vibraciones que pasan por nuestro cuerpo. Crean las emociones, y éstas, a su vez, son las causantes de que nos encontremos bien o menos bien.

Pongamos un ejemplo, si pensamos en un acontecimiento desagradable acaecido en nuestra vida, enseguida nos sentiremos mal o de mal humor en función de los pensamientos y de las creencias que guardamos sobre lo sucedido. Del mismo modo, cuando pensamos en un acontecimiento agradable, nuestras emociones serán positivas y nos aportarán el bienestar relacionado con lo que creemos.

Estas emociones son las que nos hacen vibrar para bien o para mal.

El cerebro-ordenador es el músico, los pensamientos son sus manos, el cuerpo, su instrumento. El cuerpo emitirá la vibración que los pensamientos emitieron. Y, de esta manera nos ponemos al compás de lo que vamos a encontrar en nuestro entorno.

Sin duda haya experimentado alguna vez esto y a través de esta historia podrá entender de qué se trata.

Alguna vez nos ha sucedido, levantarnos por la mañana de mal humor. Estamos sintonizados con una frecuencia que hace que vamos a atraer hacia nosotros acontecimientos que vibran con esa frecuencia. Así, nos quemaremos con la taza de café caliente, perjuraremos, nos golpearemos el dedo del pie con el borde de la ducha, terminaremos por retrasarnos porque el coche no querrá arrancar y nos encontraremos atrapados en los atascos. Y, esto, justo el día en que tenemos cita a las ocho en punto con el jefe, para tratar un dosier enorme con un cliente muy importante pero muy exigente y que le trae quebraderos de cabeza. Sí, sí, siempre son en esos momentos cuando suceden todas estas cosas. Acumulamos todo lo que no funciona y no conseguimos ver que nuestra vibración de malestar atrae siempre más acontecimientos que vibran con la misma frecuencia que la nuestra. Es un infierno y mientras no adquirimos la profunda convicción de que debemos y sobre todo de que podemos hacer algo al respecto, seguiremos vibrando de mala manera.

Pequeñas reflexiones de paso...

Tenemos el poder de cambiar las vibraciones que provocan unos resultados que ya no queremos en nuestra vida.

Podemos hacerlo al menos de dos maneras: una consiste en provocar la emergencia de lo negativo y transformarlo poco a poco en positivo. Así es como funcionan actualmente muchas terapias.

Otra solución es la de dejar emerger lo positivo en nuestra vida, permitir ante todo que exista lo positivo, focalizarnos en lo que mejor sabemos hacer, en lo que nos gusta hacer. Privilegiando lo positivo en nuestras vidas, mantenemos pensamientos positivos que provocan, en nuestra realidad, más creencias positivas.

Esto es creador de bienestar y de éxito.

20 - CUANDO NO SABEMOS…

Vamos con esta historia que he vivido y creo que muchos han vivido también.

Sucede en la escuela, durante un ejercicio oral con nota delante de toda la clase, es el famoso ejercicio del poema aprendido de memoria que hay que recitar.

Si no se recita correctamente no solamente se saca mala nota y mala apreciación sino que también los compañeros se ríen de uno y se nos trata de "mentirosa" delante de todo el mundo cuando le decimos a la maestra que hemos pasado mucho tiempo para aprender ese poema, y que con nuestra madre, en casa, lo sabíamos de memoria. Y eso, si la maestra nos permite expresarnos.

En fin, de repente, la mente se queda en blanco. Intentamos que las miradas de nuestros compañeros no nos desconcentren, de todas las maneras no entendemos nada al movimiento de sus labios… Entonces, levantamos los ojos al cielo, generalmente hacia arriba a la izquierda para la mayoría y los diestros, intentando desesperada y naturalmente conectarnos con nuestra memoria. Y, entonces, oímos la frase preferida y fatídica de la maestra que nos paraliza completamente y que nos indica que estamos perdidos:

"¡El poema no está escrito en el techo!"

Otra variante:

"¡Si te crees que vas a encontrar el poema en las nubes!"

Otra versión:

"¡Llegados a este punto, inútil rezar, Dios no puede hacer nada por ti, no le gustan los vagos!"

¡Golpe de gracia!

¡Estamos hundidos!

¡Y, eso que lo habíamos aprendido de memoria, ese… maldito… poema!

Aquí, me saltaré las conclusiones inevitables a las que llegamos sobre la poesía en general, sobre ese poema en particular, sobre el autor del poema, sobre la maestra, y aún peor que todo eso, sobre nuestra memoria, sobre nuestra capacidad para apreciar la poesía, sobre nuestra incapacidad para recitar bien, y por ende nuestra incapacidad para ser buenos en lengua en general, sobre nuestra incapacidad para ser un(a) buen(a) alumno(a) y llegar a hacer algo correcto en nuestra vida. No, no, no exagero o tan poco…

En fin, nos sentimos unos inútiles, mientras que si la maestra hubiera sabido, lo que cualquier pedagogo debería absolutamente saber, se hubiera dado cuenta que habíamos, desesperadamente, intentado conectar nuestro cerebro que estaba disperso con tanto estimulo externo, con nuestra memoria, gracias al movimiento de los ojos. (Véase al respecto el artículo "¿Hacia dónde miramos?" en el blog www.ladv.biz)

NB: Existe una variante tan humillante como la anterior. Cuando nuestro canal preferencial para conectarnos con nuestra memoria no es el visual sino el kinestésico. En ese caso, para ir a buscar el resto del poema, miramos hacia abajo a la izquierda. (Para los diestros).

Y ahí, la maestra que no sabe, empieza:

"¿Tienes el poema escrito en los zapatos? O,

"¡No vale la pena que te mires los pies, el poema no está ahí!" O,

"Sí, y ahora quieres que pensemos que el poema está en el suelo"

Hemos entendido que si la maestra llega a ver que nuestra mirada se dirige hacia la izquierda (siempre para los diestros) al nivel de los oídos que son el canal de referencia para los auditivos, entonces las reflexiones sobre la pared, la pizarra, la ventana... abundaran de igual manera.

Es un infierno, porque lo que uno recoge son unas dudas tremendas sobre nuestras capacidades además de mala nota.

Pequeñas reflexiones de paso...

Es fácil hacerse una idea sobre alguien y diagnosticar que una persona es una vaga y aún más cuando se trata de un niño "que cree realmente lo que dicen los mayores" como lo canta Patrick Bruel.

Al mismo tiempo, cuando las personas que están al cargo de nuestros hijos no conocen el funcionamiento del cerebro-ordenador, les es difícil desvincularse de esta pedagogía de la humillación que funciona con dos categorías de personalidades:

- los niños con plena confianza en ellos mismos, me refiero a una confianza inquebrantable incluso frente a un adulto referente. Saben que podrán salir adelante digan lo que digan sobre ellos. Es a menudo fruto de una educación inculcada por los padres que han criado a sus hijos pero que no les han educado… La diferencia es enorme.

- y la otra categoría, la de los niños rebeldes. Los rebeldes harán exactamente lo contrario de lo que el referente les prediga. Cuando un niño rebelde oye que no llegará nunca a recitar un poema de memoria porque no es lo bastante estudioso o porque no tiene memoria o porque no es bueno en lengua y que nunca lo será, le provocará un shock. Este tipo de reflexión será para él como un desafío. El niño pensará: "¡Ya verás, la próxima vez, seré el mejor!"

Únicamente en estos dos casos puede realmente ayudar esta manera de actuar si es que es posible, existen muchas dudas sobre ello…

En el 99% de los casos se debe evitar porque no es una forma correcta de actuar.

21 - ¡ES IMPOSIBLE!

Es la palabra preferida de los que no están en su lugar, de los que no quieren, de los que no están motivados... Inspirado por una historia que tuve ocasión de oír. Un día, en el cole, la mejor alumna de la clase se dejó distraer por un pajarito de colores posado en el alfeizar de la ventana del aula. Nunca antes, esta niña había permitido que nada la perturbara. Sin embargo, ese día, dejo a su mirada vagabundear y a su mente salir del aula para, durante un breve instante, acompañar al pájaro. Un breve instante tal vez pero suficiente para no oír las consignas del maestro sobre el ejercicio de matemáticas para el día siguiente.

Sólo tenía la página y el número del ejercicio pero no había oído lo demás. Para ella era imposible pedirle al maestro que repitiese, hubiera sido reconocer que no estaba atenta. Era la mejor alumna, no podía permitírselo. No podía tampoco decirles a sus compañeros incluso a su mejor amiga que no había escuchado al maestro y que por lo tanto no había oído la consigna. Salió pues, ese día, preocupada del cole, pero decidida como siempre a hacer su tarea para el día siguiente. Al llegar a casa, merendó y se puso a trabajar. Cuando llegó a las matemáticas, se dio cuenta que el ejercicio era realmente difícil. Pensó que el maestro había dado una consigna importante para que pudiesen llegar a encontrar la solución. Se sentía atrapada, por un lado no quería decirle al maestro que no había escuchado y tampoco quería reconocer que no había podido hacer el ejercicio. Siguió por lo tanto trabajando hasta la hora de la cena sin parar y sin encontrar la solución. Cenó pensando en el ejercicio y volvió enseguida a su mesa de trabajo decidida a encontrarla. Pasaron largas horas. Se tuvo que ir a la cama obligada por sus padres, pero se levantó discretamente por la noche para probar nuevas combinaciones y poder resolver el problema. Finalmente, al terminar la noche encontró por fin la solución.

Cansada pero aliviada, desayunó y se fue al cole. En cuanto empezaron las clases, el maestro pidió a los alumnos que sacaran el libro de matemáticas y que le enseñaran las pistas que habían encontrado para la no-resolución del problema. La niña no entendió enseguida: como de costumbre levantó la mano y dio su respuesta. El maestro desconcertado le pidió que le enseñara su trabajo. Lo que vio lo dejó boquiabierto. La niña había encontrado la solución de un problema planteado como insoluble. Porque, esa era la consigna dada el día anterior por el maestro: "este ejercicio no se puede resolver. Sólo les pido que encuentren por qué".

La pequeña había pues encontrado la solución a un problema sin solución porque no tenía la información del referente y había conectado "solución".

Pequeñas reflexiones de paso...

Mark Twain, (1835-1910) escritor, ensayista y humorista americano, conocido sobre todo por sus novelas "Las aventuras de Tom Sawyer" y "Las aventuras de Huckleberry Finn" habla muy bien de esto en una de sus citas:

"¡No sabían que era imposible, entonces lo hicieron!"

Esta pequeña no había tenido la opinión del especialista, no tenía pues la información de la no resolución del problema. Y a fuerza de trabajo y sobre todo gracias a su determinación consiguió encontrar una solución al problema. Su solución.

En la vida es exactamente igual. No deje a nadie decirle que no existe ninguna solución a sus problemas. No deje que su diálogo interior le diga que no encontrara nunca una solución a sus preocupaciones. Un problema sin solución no existe. Sólo nuestra convicción de éxito nos aportara el éxito.

22 - VARIAS FORMAS DE VIVIR LO MISMO

Lo sabemos, un mismo acontecimiento puede tomar significados muy diferentes para las personas incluso de una misma familia.

¿Qué no será con personas totalmente diferentes?

No trataré siquiera las diferencias culturales, la manera de ver algunas cosas es evidentemente muy diferente de una sociedad a otra. En ese sentido nadie tiene realmente razón ni deja de tenerla. Las personas viven en su mundo, con sus creencias y está bien.

Los ejemplos entorno a este concepto son numerosos, tomaré el de un despido colectivo.

Para los implicados, la información es la misma, anunciada el mismo día, de la misma manera y por las mismas personas. Vamos a centrarnos en tres personas que entraron en la empresa el mismo año, el mismo mes y con la misma edad, hace 25 años. En esa época, la empresa estaba en pleno crecimiento y buscaba empleados con la intención de formarlos. Estas tres personas siguieron pues la misma formación, al mismo tiempo y para el mismo puesto trabajo.

Por lo tanto, si fuera sencillo, la misma información aquí su despido anunciada en el mismo momento tendría que haber provocado las mismas reacciones. Sin embargo, todo el mundo sabe que no es así.

La primera persona vivió el anuncio del despido como una gran pérdida. Algo se derrumbó en ella. Pero lo que peor lleva, es que piensa que lo ha perdido todo. Su sentimiento más intenso es precisamente el que no podrá expresar, es el sentimiento de pérdida. Pierde su puesto de trabajo, sus compañeros, sus descansos, su taquilla, su plaza en el parking, su trabajo y su sueldo pero estas dos últimas cosas son casi segundarias para su sentimiento porque a menudo hablará de ellas. Pero no hablará de lo demás, de todo lo que piensa haber perdido. Y esas cosas calladas serán su mayor desconcierto.

La segunda persona vivió el conocimiento del despido como una gran humillación, una guarrada que los jefes le han hecho a ella personalmente. Responderá como todas aquellas que no apreciaron este despido, se quejará del trabajo que ha perdido, del sueldo que se echará en falta dramáticamente en casa e insistirá sobre las condiciones del despido. Dirá que la manera de actuar de los empresarios no es correcta o entenderá que no pudieron actuar de otra forma dada la situación económica pero no podrá decir hasta qué punto está personalmente asqueada de esta "guarrada" realmente "repugnante" que le han hecho. Si no puede por varias razones utilizar esas palabras que expresan el carácter sucio, grosero, (y no quiero ser grosera) de su sentir, entonces al igual que su compañera, estas cosas no dichas serán el receptáculo de un malestar que a partir de ese momento la habitará.

La tercera persona reacciona de manera totalmente diferente a las otras. Esta persona está realmente muy feliz. Se siente por fin liberada. Tiene grandes proyectos ahora que no tiene que salir a trabajar todos los días. Además con la indemnización por el despido podrá financiar la realización de su sueño. Tiene en mente unos proyectos que están a punto de realizarse gracias a este despido. Personalmente está resplandeciente y alegre, aunque sinceramente comparte el dolor de sus dos amigas.

Pequeña reflexión de paso…

Lo que realmente es determinante en el devenir de los individuos es la forma con la cual los acontecimientos son percibidos y por lo tanto vividos. A la vista de esto, podemos decir que la verdad no existe, lo real no existe. Sólo cuenta el sentir.

¿De qué está hecho el sentir? Está hecho de lo que hemos gravado, de los programas que están presentes en el disco duro de nuestro cerebro. Esto forma nuestra realidad pero no es la realidad. Y ahí reside toda la diferencia.

23 - UN HOMBRE EXTRAORDINARIO

Existen héroes de los tiempos modernos, hombres y mujeres completamente corrientes en un principio. Algo en ellos creció y se convirtieron en ejemplos que seguir, son verdaderos mensajes de esperanza y de éxito.

Aquí tenemos una de esas historias:

Philippe Croizon es uno de esos hombres. A raíz de un accidente le amputaron los cuatro miembros. Lejos de pensar que su vida se había acabado, decidió unir los cinco continentes nadando. Con un atleta válido, Arnaud Chassery, intentaron la aventura y ganaron la apuesta el sábado 18 de agosto del 2012.

Es una proeza extraordinaria y una bella lección del principio, "¡cuando se quiere, se puede!"

El señor Croizon tenía sus razones para realizar este objetivo. Nunca abandonó esas razones porque forman parte de su misión.

"Ante todo existe un símbolo muy fuerte: un nadador válido, un nadador inválido y juntos van a borrar las diferencias" nos dice Phillippe Croizon. *(Fuente: France Info. Miércoles 11 de abril de 2012).*

Así describe su compromiso, su motor, la misión que se había fijado. Y sin embargo tenía una larga lista de "trampas para víctimas" para impedirle realizar su objetivo. Pero ni siquiera reparó en ellas y gracias a su determinación y a la grandeza de su compromiso pudo movilizar gente suficiente alrededor suyo para ayudarle. Además permitió el avance de la ciencia.

Pequeñas reflexiones de paso...

Les hablo de él porque cuando tenemos un objetivo un poco más ambicioso que la mayoría de las personas que nos rodean, nos topamos a menudo con gente que parece no dar crédito a aquello en lo que queremos convertirnos. Inconscientemente captamos esa vibración. A veces, basta con eso para descorazonarnos sobre todo si proviene de personas importantes para nosotros. Evidentemente es aún más destacable si el escepticismo del entorno se expresa abiertamente. Se nos ofrecen entonces dos formas de reaccionar: o abandonamos o no lo tenemos en cuenta. Las críticas y los comentarios sobre experiencias negativas de otras personas son importantes si son constructivas, si nos permiten reflexionar sobre una estrategia más eficaz. Sino, los dejamos hablar y nos concentramos sobre lo que queremos ver llegar a nuestra vida. Es lo más importante. Porque querer realmente algo con todas nuestras fuerzas y de todo corazón, es El Verdadero Poder. Es también el secreto de la gente que consigue realizar sus sueños.

24 - EL ARQUETIPO DE LA DETERMINACIÓN

Aquel hombre americano, nacido en el estado de Indiana en 1890 tuvo una vida repleta de sobresaltos. A cada ocasión mostró una gran determinación para encontrar soluciones bastantes increíbles. Nunca se dio por vencido.

Esta es su historia:

Después de haber sido jornalero, Harlan David Sanders es conductor de tranvía. Después, cumple con el servicio militar antes de la edad requerida.

Al volver, es corredor de seguros, después crea su propia compañía de barcos de vapor. Siendo secretario de la cámara de comercio y de la industria, compra los derechos de la lámpara de carburo y abre una fábrica y se arruina con la llegada de la electricidad.

Arruinado, empieza a trabajar como ferroviario y se gradúa al mismo tiempo en derecho. Se convierte en juez de paz. Inhabilitado para ejercer a raíz de una trifulca de la cual fue sin embargo exculpado, no puede volver a su trabajo.

Abre una estación de servicio Shell, empieza a cocinar en su casa para sus clientes, sobre todo su famoso pollo asado. El éxito se presenta entonces. En ese momento se convierte en el Coronel Sanders.

Abre un bar restaurante con capacidad para 142 comensales en el cual hace a la vez de cajero, de cocinero y de gasolinero.

Se perfecciona en la gestión de empresas pero su restaurante arde. Lo vuelve a construir añadiéndole un motel.

En paralelo, busca la receta perfecta para su pollo asado con 11 hierbas aromáticas. Inventa gracias a la olla a presión la restauración rápida. El restaurante KFC (Kentucky Fried Chicken) ve la luz.

Sin embargo, la Segunda Guerra mundial y el proyecto para construir una autopista terminaran por arruinar al coronel Sanders. Con 66 años, empobrecido y viviendo con un cheque irrisorio de la seguridad social, sale, con su receta del pollo como único tesoro, a recorrer toda América. Su idea era vender su receta a los restaurantes a cambio de una retribución por cada pollo vendido. La historia menciona 1009 rechazos.

Sin embargo, a finales de los años 1950, estaba al frente de 400 restaurantes con franquicia. Un triunfo que le aseguró el éxito económico hasta su muerte y un renombre nacional e internacional ya que exportó el concepto y la receta de ese famoso pollo. Era el gerente pero también el emblema de sus restaurantes. En cuanto a su receta, sigue siendo un secreto de fabricación.

Ya mayor, el Coronel Sanders vende su negocio a unos empresarios. Aparece todavía en muchas publicidades y viaja por todo el mundo para inaugurar nuevos restaurantes KFC.

Sin embargo, cotizada en bolsa, siente que la empresa que creó no tiene nada que ver con lo que era en sus comienzos y lleva ante los tribunales a los nuevos propietarios por no respeto a la calidad de los productos servidos.

Abre un nuevo restaurante al nombre de su mujer ya que no puede utilizar la marca “Coronel Sanders” para sus nuevos negocios.

Se lo vende a uno de sus empleados y a su mujer.

Sanders creó también una fundación que adopta niños extranjeros, organiza obras de beneficencia a favor de las iglesias, los hospitales, los boys scouts y el ejército de la salvación.

Fallece en 1980 a los 90 años de edad.

Pequeñas reflexiones de paso…

Es una vida ejemplar y el fuerte carácter del Coronel Sanders lo convierte en un personaje excepcional. Es un ejemplo de lo que la determinación y la confianza en sí mismo pueden hacer en la vida de un hombre.

¡Imagínese un momento, 1009 rechazos!

Esto nos enseña que "cuando se quiere se puede".

Concluiré con una cita de este hombre: "Tiene que amar su trabajo. Tiene que amar lo que hace, tiene que hacer algo que le produzca satisfacción para obtener así placer con el trabajo. La satisfacción, ahí reside la diferencia, ¿me he expresado con claridad?"

25 - LA FUERZA DE LA MENTE

Morris Goodman vivió un verdadero milagro.

Es un hombre que muestra, porque aún está con vida, que la fuerza de la mente lo puede todo.

En marzo de 1981 Morris Gooldman sufrió un accidente de avión. Ingresó en el hospital totalmente paralítico; no podía ni respirar solo. Pero su mente estaba intacta. Oía a los médicos decirle a su familia que permanecería en ese estado vegetativo el resto de su vida. Él, decidió que no.

Se veía respirando de nuevo. Y es lo que sucedió. Los médicos eran incapaces de encontrar una explicación racional. Pero el señor Gooldman no se dejó alejar de su nueva visión. Se veía andando y se fijó hasta Navidad para salir del hospital sobre sus dos piernas. Y así ocurrió.

Pequeñas reflexiones de paso…

Solamente la fuerza del deseo de retomar el curso de su vida, con el soporte físico de su cerebro, había logrado la diferencia entre una persona tratada con la medicina oficial y él.

Si el cerebro no está alterado, todo es posible. Excepto si creemos en lo que los demás dicen de nosotros, sobre nosotros y por nosotros. Incluso los especialistas están limitados en lo que saben porque no conocen la fuerza de nuestra mente.

Es lo que demuestra esta historia: los médicos veían lo que el cuerpo había sufrido y lo que podía hacer solo, pero no conocían lo que la fuerza de la mente del señor Gooldman era capaz de hacer.

Es una historia mágica llena de esperanzas y de posibilidades infinitas.

26 - ¡QUÉ SUERTE!

Esto le dijeron al señor Honda cuando sus motocicletas "The Club" le permitieron ser recibido y conde corado por el mismo emperador.

Pero antes de llegar hasta ahí, veamos su historia:

En 1938, Honda era estudiante y tenía una idea en mente: fabricar segmentos de pistones para la empresa Toyota. Trabajaba en la concepción de esta idea todas las noches, llegando incluso a vender las joyas de su mujer para financiar su proyecto. Sabía que triunfaría.

Un día, consideró que estaba listo y fue a ver a Toyota a presentarle sus pistones. Toyota rechazó su idea. Frustrado, arruinado, volvió a los estudios pero sin abandonar su idea. Tardó otros dos años en perfeccionarla. Y, volvió a ver a Toyota quien esta vez aceptó.

Honda tenía pues que construir su primera fábrica para producir los pistones y venderlos. Se vio confrontado a la falta de hormigón por la cual pasaba el Japón antes de la Segunda Guerra mundial. Pero, con varios amigos encontraron la manera de producirlo. De esta forma, la primera fábrica de producción de pistones estuvo lista para su fabricación.

Sin embargo, la guerra estalló y su fábrica fue bombardeada. Honda les pidió a sus empleados que recuperasen los bidones de gasolina que los aviones tiraban porque necesitaba la materia prima para seguir produciendo.

Finalmente, fue un terremoto lo que destruyó completamente su fábrica que fue absorbida por Toyota.

Además, la guerra dejó el país con penuria de materias primas y la gasolina estaba racionada.

Con estas difíciles condiciones, Honda no podía seguir utilizando su coche, ni siquiera para ir a hacer la compra a la ciudad vecina, se preguntaba qué hacer para alimentar a su familia. Rebuscó entre lo que le quedaba y se dio cuenta que tenía un generador de corriente continua, más conocido bajo el nombre de dinamo. Para ahorrar gasolina, le puso este pequeño motor a una bicicleta. De esta manera podía ir hasta la ciudad para hacer la compra. Se creó un entusiasmo por esta bicicleta motorizada. Todo el mundo quería una.

¿Pero cómo hacerlo en un Japón sin dinero y destrozado? Se le ocurrió la idea de escribirles a 18000 propietarios de tiendas de bicicletas. Les explicó su concepto y les pidió que financiaran su proyecto. 3000 contestaron positivamente. La fabricación de su primer lote de motocicletas fue lanzada. Las llamaron "Tipo A". Pero fue un fracaso porque eran demasiado grandes y pesadas. Fabricó entonces unas más ligeras y manejables que llamó "The Club". Y ahí, por fin encontró la consagración.

Fue así como algún tiempo después se encontraba en el palacio del emperador. Fue también allí donde oyó a alguien decir que había tenido mucha suerte al encontrar esa idea.

Pequeñas reflexiones de paso…

Efectivamente si consideramos que, estar determinado en triunfar, ser inteligente y saber recuperarse frente a cualquier situación, ser astuto y trabajador, saber aprovechar las oportunidades sean cuales sean es una suerte pues sí, el señor Honda tuvo suerte en su vida.

Le deseo a todo el mundo que tenga tanta suerte como él.

CONCLUSIÓN

¿Les gustó?

Estas historias heteróclitas son todas, cada una a su manera, sugerentes y ayudantes. Estoy segura de que usted también conoce muchas historias similares. Historias que usted ha vivido, historias que ha oído o que ha leído. Todas contienen alguna enseñanza si las leemos atentamente.

Porque en la vida, lo realmente importante no es lo que vivimos sino lo que hacemos con lo que nos sucede.

Todo lo que vivimos no es sino un reflejo de la realidad, nuestro sentir sobre esa realidad es lo que da sentido a nuestra vida.

AGRADECIMIENTOS

En primer lugar le doy las gracias a usted que compró este libro y se tomó el tiempo necesario para leerlo. Espero sinceramente que le haya gustado.

También quiero agradecerle a Aurelia la atención y el apoyo que me ofrece.

También le doy las gracias a Pascal por la ayuda que me aporta en el día a día y por las magníficas portadas de mis livros.

Por fin, le doy las gracias a toda la gente, a las lecturas, a las anécdotas recogidas aquí y allá que me inspiraron y me permitieron proponerle esta visión de las cosas y de la vida.

Quisiera indicarles también que me pueden encontrar en mi nueva página web cuya dirección es: www.ladv.biz (puede también volver a visitar mi antiguo blog www.ladv.over-blog.fr), también pueden descargar mi otro libro, “El método M.O.A.E. para triunfar. El éxito en 4 etapas” también disponible impreso en papel en amazon.

Gracias de nuevo y no olvide, si le ha gustado este libro, dejar un mensaje en amazon. ¡Gracias!

Hasta pronto.

www.ingramcontent.com/pod-product-compliance
Ingram Content Group UK Ltd.
Pitfield, Milton Keynes, MK11 3LW, UK
UKHW020220250726
13967UKWH00001B/105

9 781291 821017